Suitte des Residences Memorables

D'EVGENE FRANCOIS

Duc de Savoye et Piemont pp.

Cinquieme Partie

Contenant les Façades, et Coupes du grand Bâtiment du Jardin de S. A. S.^e Situé dans le fauxbourg de Vienne. Par lesquels on voit l'entiere distribution de tout ce qui est re=presenté dans les 4. premieres parties, avec la mesure exacte de chaque piece; aussi bien que la Construction des Cäves, et de la Charpente de Toits.
Le tout mesuré et dessigné sur le lieu avec grand soin par le Sr Salomon Kleiner Ingenieur de S. A. E. de Mayence.
et se trouve à Augsbourg chez les Heritiers de Jeremie Wolff.

MDCCXXXVI.

avec Privilegie de Sa Maj.^e Imperiale et Catholique.

Wunderwürdiges Kriegs=und Siegs=Lager

EUGENII FRANCISCI

Herzogen zu Savoyen und Piemont pp.

Fünffter Theil

Bestehende in denen Geometrischen Facciaden und Durchschnitten von dem Haupt und Garten-Gebäude Sr Hochfürstl Durchl: vor der Stadt Wien, mit beygesetzten Maasen, worinnen aller in denen vorher-gehenden Vier Theilen, Gemächer, ihre Höhe, Länge, Breite und Lager, die Beschaffenheit der Gewöl-bern und Duchstühlen vollkommen zu ersehen,
mit grossem Fleiss abgemessen und gezeichnet durch Herrn Salomon Kleiner Churfürstlich=Mayntzisch: Hoff=Ingenieur
Augspurg in Verlegung Jeremias Wolffs seel: Erben.

MDCCXXXVI

Cum Gratiâ et Privilegio Sacræ Cæs. Majestatis.

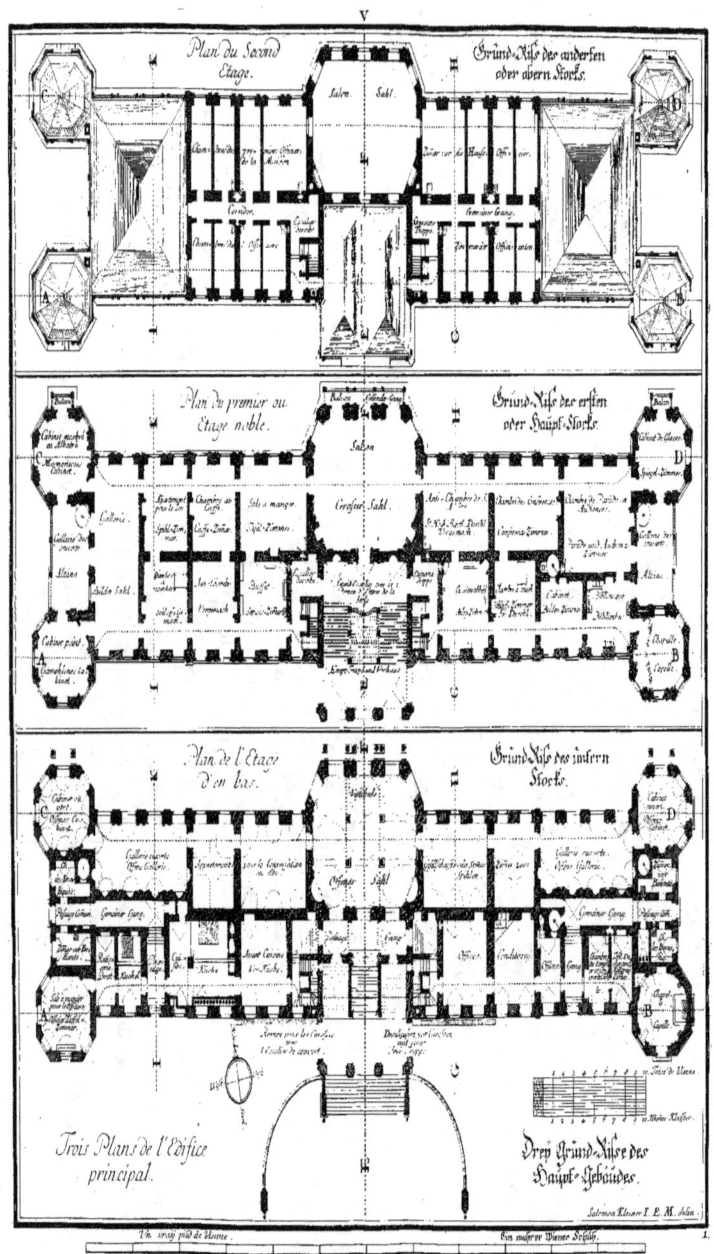
Plan du Second Etage.
Grund-Riß des andern oder obern Stocks.
Plan du premier ou Etage noble.
Grund-Riß des ersten oder Haupt-Stocks.
Plan de l'Etage d'en bas.
Grund-Riß des untern Stocks.
Trois Plans de l'Edifice principal.
Drey Grund-Riße des Haupt-Gebäudes.
Salomon Kleiner I. P. M. delin.
Un trois pied de Vienne.
Ein untzer Wiener Schuh.
Johann August Corvinus sculpsit.
Cum Privilegio Sac. Cæs. Majest.
Haered. Ieremi. Wolff. Aug. Vind. excud.
1.

Gabriel Eleonor Ingen. Elect. Maj. Delin.   Cum Priv. Sac. Caes. Maj.   Basil. Ioro. Wolff excud. Aug. Vindel.

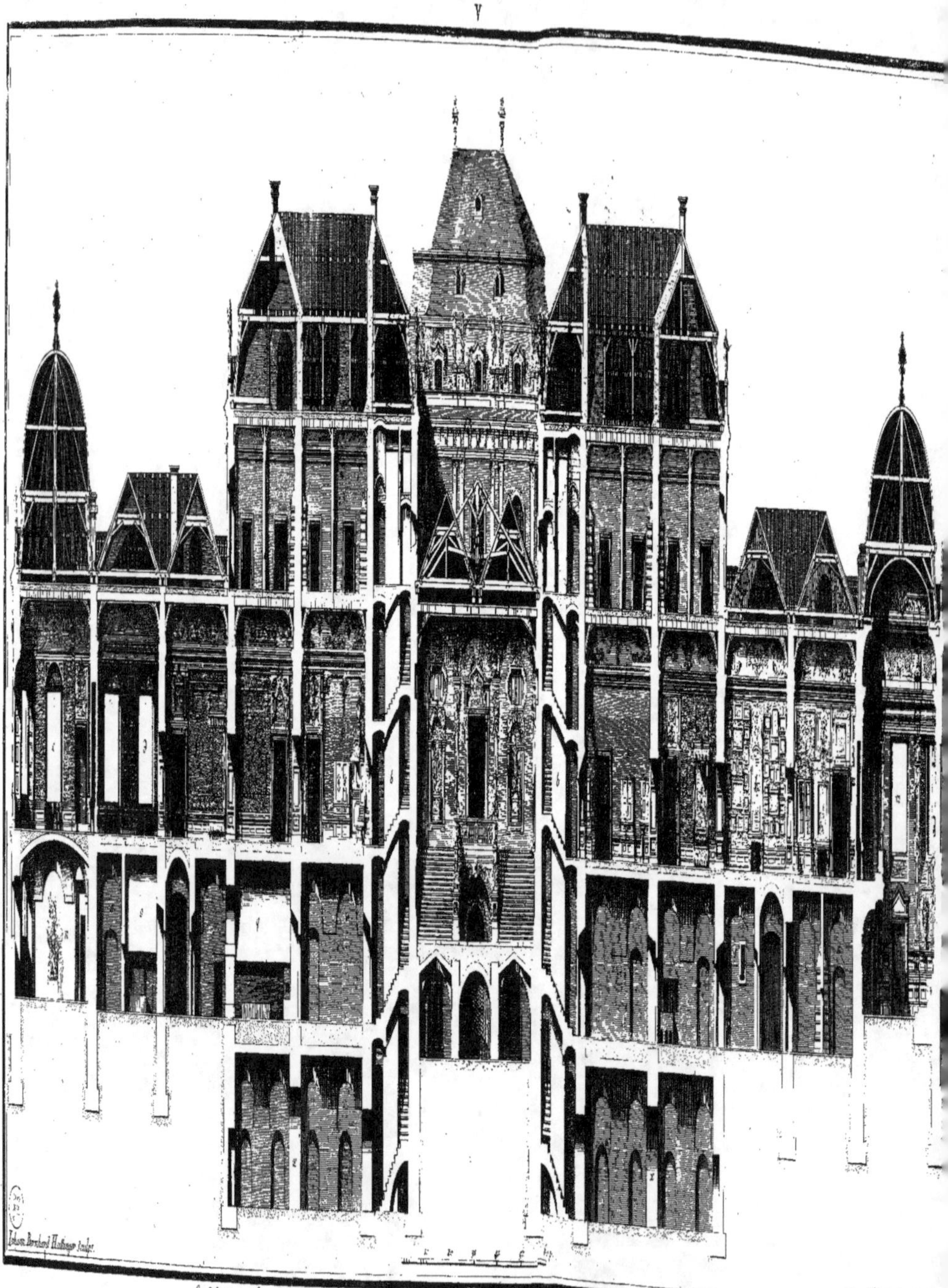

Coupe de la Ligne CD. du plan N.º 1.

a. Grand Escalier, avec le Parvis d'entrée de la Salle.
b. Escaliers derriers.
c. Cabinet peint.
d. Gallerie.
e. Chambre a coucher.
f. Anti-Chambre.
g. Buffet.
h. Guarderobbe.
i. Chambre a coucher de S. A. S.me
k. Cabinet.
l. Bibliotheque.
m. Chapelle.
n. Sale a manger pour les Officiers.
o. Patisserie.
p. Passage.
q. Cuisine.
r. Avant Cuisine.
s. Offices.
t. Passage.
u. Chambres du Soudier & Couvert de Table.
v. Bucher ou Bois.
x. Cave.

Durchschnitt nach den Linien CD. in dem Grund-Riß N.º 1.

a. Grosse Treppe und Vorhauß.
b. Gemeine Treppen.
c. Gemahlenes Cabinet.
d. Bilder-Saal.
e. Schlaffgemach.
f. Vor-Gemach.
g. Secret. Zimmer.
h. Anleg-Zimmer.
i. Schlaffgemach Sr. Drchl.
k. Bilder-Zimmer.
l. Bibliothec.
m. Capelle.
n. Officier Tafel-Zimmer.
o. Brodt-Kammer.
p. Gang.
q. Küche.
r. Vor-Küche.
s. Conditorey.
t. Gemeiner Gang.
u. Holtz-Kammer und Keller.
x. Keller.

Kard. Jeremias Wolff Aug. Vind. exc.

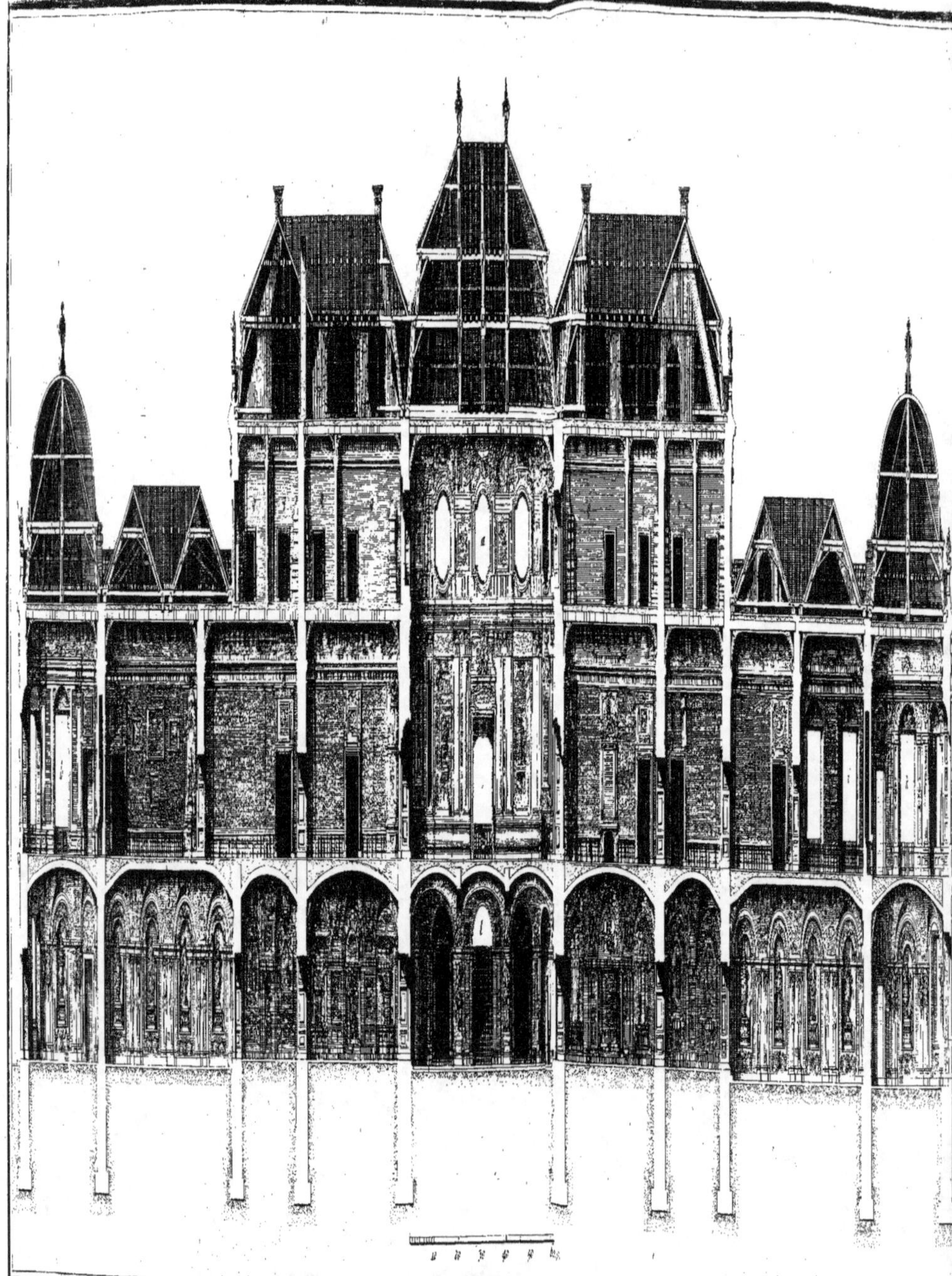

Coupe de la Ligne A.B. du plan N.° 1.

a. Salon.
b. Cabinet de Glaces.
c. Chambre de Parade et Audiences.
d. Chambre des Conferences.
e. Anti Chambre.
f. Sale à manger.
g. Chambre au Caffé.
h. Apartement pour la Sai..
i. Gallerie.
k. Cabinet marbré en albâtre.
l. Vestibule.
m.m. Cabinets ouverts.
n.n. Galeries ouverts.
o.o. Grandes Appartements pour la Compagnie en Été.
p.p. Petites Chambres pour la Compagnie en Été.
q.q.q. Chambres pour les premiers Officiers de la Maison.

a. Großer Saal.
b. Spiegel-Zimmer.
c. Parade und Audienz-Zimmer.
d. Conferenz-Zimmer.
e. Vorgemach.
f. Speiszimmer.
g. Caffe-Zimmer.
h. Spiel-Zimmer.
i. Bilder-Saal.
k. Marmorirtes Cabinet.
l. Offener Saal.
m.m. Offene Cabinetter.
n.n. Offene Galerien.
o.o. Große Gesellschafts-Sommer-Zimmer.
p.p. Kleine Gesellschafts-Zimmer.
q.q.q. Zimmer der Hofs-Officier.

Durchschnitt nach den Linien A.B. in dem Grund-Riß N.° 1.

Cum Priv. Sac. Caes. Majest. — Haered. Jerem. Wolffii excud. Aug. Vind. — Joh. August Corvinus sculps.

V
Mesure d'un milieu a l'autre.
Maße von ein Mittel zum andern.
Mesure de chaque corps en particulier.
Besondere Maß von jedem Theil.
Facade du côté du Jardin.
Facciade gegen dem Garten.
Salomon Kleiner Ing. Elect. Moy. delin.
Cum Priv. Sa. Cæs. Majest.
Hand. Lit. Wolff excud. Aug. Vind.
Ioh. August. Corvinus sculpsit.

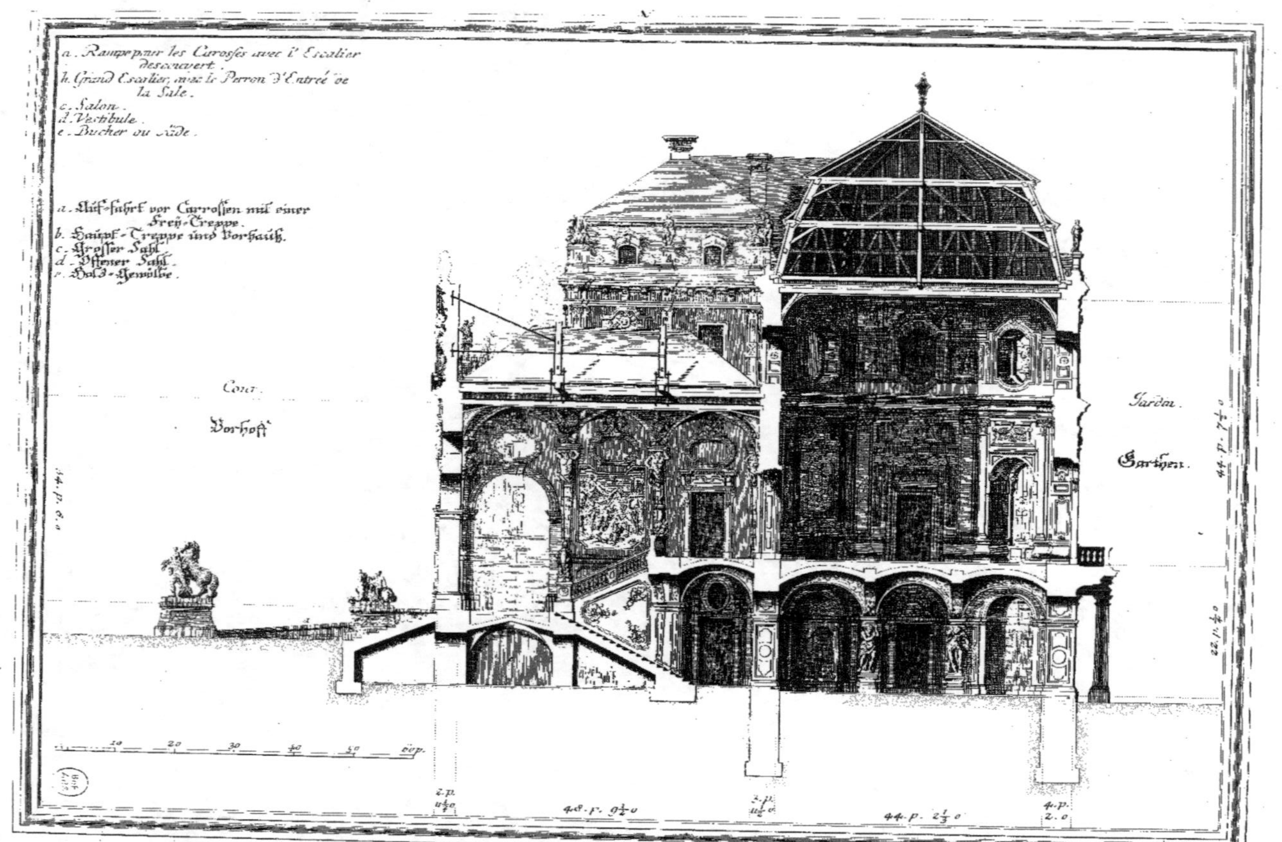

Coupe de la Ligne EF du plan No. 1.

Durchschnitt nach der Linie EF in dem Grundriß. No. 1.

Salomon Kleiner Ing. Elect. Mog. delin.   Car. Priv. Sac. Ces. Maj.   Havd. Ieran. Wolff excud. Aug. Vind.   Ioh. Iacob Grassmann sculps.

6

Coupe de la Ligne GH du pland N.º 1.

Durchschnitt nach den Linien GH in dem Grundriß N.º 1.

Salomon Kleiner Ing. Elect. Mog. delin.   Cum Priv. Sac. Ces. Maj.   Herml. Irem. Wolff excud. Aug. Vind.   Joh. August Corvinus sculps.

Coupe de la Ligne IK. du plan N°1.   Durchschnitt nach den Linien IK. in dem Grundriß N°1.

Salomon Kleiner Ing. Elect. Mog. del.   Cum Priv. Sac. Cæs. Maj.   Hæred. Ier. Wolffij excud. Aug. Vind.   Ioh. August: Corvinus Sculps.

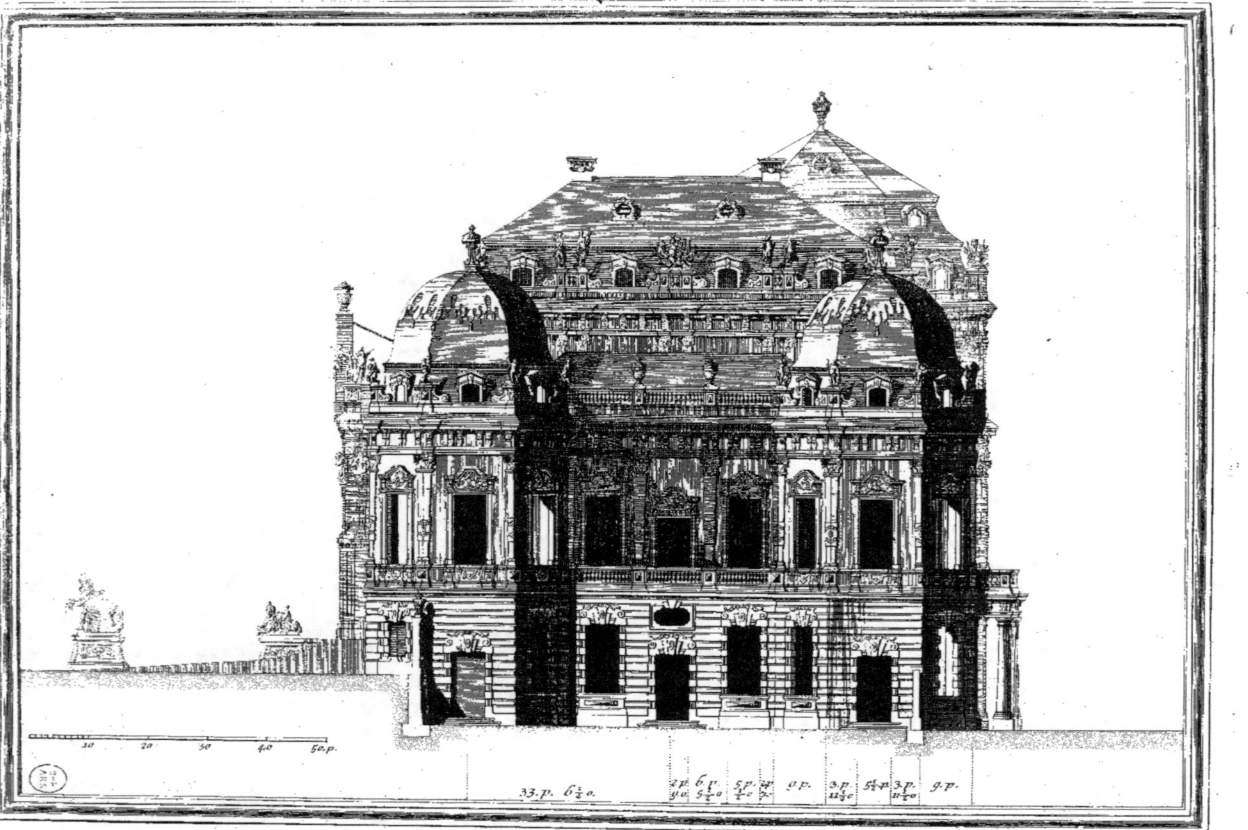

Facade d'un côté du Bâtiment vers la Menagerie.   Facciade nach der Seiten gegen dem Thier-Garten.

Salomon Kleiner Ing. Elect. Mog. del.   Cum Priv. Suc. Cæs. Maj.   Hæred. Ier. Wolff exc. Aug. Vind.   Ioh. Iacob Grasmann sculps.